Come insistono i ricordi

Come insistono i ricordi

POESIE

MIRNA HIRSCHL

Traduzione di Mario Cazzanti
Italian Cultural Center *Il Punto*
Seattle, Washington

Dancing Leaves Press
2025

Pubblicato da Dancing Leaves Press
ISBN Number 979-8-9929264-0-8

Crediti

L'epigrafe "La solitudine è per lo spirito ciò che il cibo è per il corpo" di Lucio Seneca il Giovane, IV secolo a.C., che accompagna "Ascoltando Seneca" a pagina 36, è stata estratta dal pubblico dominio.

A pagina 41, l'autrice Mirna Hirschl ha tradotto dal croato un frammento della poesia del 1895 *Maslina* ("*Ulivo*") di Vladimir Nazor, estratta dal pubblico dominio.

In "Parole perfide" a pagina 98, i versi "C'è qualcosa che non fa amare un muro" e "per compiacere i cani che abbaiano" sono estratti dalla poesia *Mending Wall* ("Riparare il muro") di Robert Frost, pubblicata nel 1919, è di pubblico dominio.

++++

La poesia "Sono vecchia ma non mi sento tale" a pagina 134, è stata pubblicata in *Celebrate Creativity: Cupertino Community Anthology 2020*. Ringrazio Keacey McCormick, Cupertino Poet Laureate, 2018-2020, per averla inclusa.

La poesia "Una vedova di guerra" a pagina 48, è stata pubblicata in *Portside* nel 2022. Ringrazio Peter Neil Carroll, poeta e storico, per averla inclusa.

Alla mia amata famiglia
a mio marito Simon
ai nostri figli e nipoti
— la canzone della mia vita —

Prefazione

Questa raccolta di poesie è il ricordo di una vita straordinaria, una collana fatta di "parole preziose come perle" ricercate attraverso una "sfarzosa distesa di campi". La poetessa ci dice: "È ora di parlare / a viva voce di ricordi".

Lei cominciò a scrivere poesie tardi nella sua vita e lo fece in inglese, la sua seconda lingua. Fortunatamente ora possiamo leggere la sua storia presentata a noi come poesia.

La fotografia di copertina è un albero di mimosa scalfito nel suo quartiere. È anche il soggetto di una poesia "La mimosa su Avon Street" che si trova nel libro in cui trasforma questa immagine in un albero della conoscenza, una conoscenza duramente guadagnata da una catena di "ricordi inspiegabili", una conoscenza acquisita dalla famiglia che è stata portata via, guadagnata nella scomparsa di parenti provenienti da "campi di papaveri arroccati dal senso di colpa", riscoperti da un singolo prezioso bottone che "sopravvisse in un contenitore rotondo con coperchio rosa…astuccio destinato a contenere un gioiello."

Sotto lo sguardo dell'albero di mimosa con i suoi nodi spalancati che osservano attraverso le loro perdite, la poetessa ci ricorda che la tragedia della guerra e del genocidio può trasformarsi in amore. Ci racconta della sua speranza che l'albero fiorisca di nuovo e ci mostra come ha festeggiato l'arrivo di molte primavere con la famiglia che si è costruita nella sua nuova casa negli Stati Uniti.

Impariamo a conoscere i suoi amori, la dolce ancora di suo marito, i loro figli e nipoti. Ella ci porta nei suoi viaggi, nei vecchi quartieri popolati da personaggi del passato, nelle sue passeggiate nel suo quartiere attuale e nel mondo in cui ora vive.

Passato, presente e futuro sono vivi in lei. E questo è il punto: è una donna in fiamme di poesia, viva di adorazione per le parole che sbocciano da queste pagine.

È una persona che non si è lasciata andare all'inerzia, nonostante i semi del disastro di cui è a conoscenza in prima persona e che sembrano mettere radici nel suo amato paese d'elezione.

Quando guarda dentro di sé vede una ragazza con "calzini bianchi fino al ginocchio". Ci insegna come essere aperti e accettare l'età con la saggezza tratta da "Baccelli di semi sotto i miei piedi":

> "guarda dentro, abbandonati al frutto
>
> intatto nel tuo cuore. Apri bene
> le tue mani rugose: parole
>
> sepolte in profondità tra le fessure
> delle articolazioni artritiche, vivono lì
>
> in modo precario come un'aquilegia selvatica
> che abbraccia ardentemente ripide scogliere
>
> Non lasciarla perdere, sostienile
> con sinonimi e similitudini"

Chiede alla sua famiglia ed a noi lettori di ricordarla per il modo in cui ha cresciuto i suoi figli, per la nonna che è, per "l'aroma delle torte" che sforna, per la gentilezza che riversa sui suoi cari e anche sugli sconosciuti.

E per nostra fortuna, lei è proprio qui con noi per custodirla e ammirarla. Per scrivere quante più poesie possibile, come solo un raggio di luce e d'ispirazione continuerebbe a fare, parola dopo parola.

Phyllis Klein, poetessa, *L'Araldo della Luna Piena* (The Full Moon Herald), Grayson Books, 2020.

Indici

Poesie

Come i ricordi insistono
una fenice, ancora tremante
un campo senza recinzione

Capitolo 1

Come scriverle

cercherò nella foresta
le fragole selvatiche durante l'inverno

PAROLE COME PERLE

Quando si rovesciano
tintinnano
perle di una collana rotta

rimbalzano e ridono
rotolano via e
fuggono

Giocose perle di parole
vi inseguirò

lungo la rigogliosa distesa del prato
e la seta
di una buccia di mais

e quando vi troverò
vi riporrò
in un'eco della mia anima

FRAGOLE DI BOSCO IN INVERNO

Ora che ho trovato la musica
sto perdendo le note.
Oh, crudele destino, perché mi prendi in giro così?

Quando ero giovane, nella mia impazienza
mi arrampicavo cieca ai rami dell'albero della vita
la mia mente intorpidita, la mia lingua legata
ero felice nella mia compiacenza.

Ho trovato la pozione che placa la mia sete
questo limpido ruscello di montagna così dolce
queste poesie che scorrono nelle mie vene
non devono restare mute per la mancanza di parole
che mi sfuggono.

Oh Euterpe

soffrirò notti insonni e trascorrerò
i miei giorni nella nebbia, tieni solo il mio pennello
prestami il tuo doppio flauto, aiutami a trovare
le parole preziose, dette in modo coerente
e sarò la tua schiava per sempre.

Aspetterò tutta la notte per raccogliere i germogli
che si aprono all'alba. Esplorerò il frutteto
per il rosso della prima mela di stagione.

Come in una fiaba, cercherò nella foresta
le fragole selvatiche durante l'inverno
e le deporrò al tuo tempio con umiltà.

A riconoscimento finale e tardivo
oh, mia sirena, che infondi tanta gioia
fai di me ciò che vuoi.

COME DISEGNARE IL CALORE

Gli uccelli volano
In uno spettacolo speciale sul susino in fiore
Alcuni sfrecciano sui rami ballando una quadriglia
Altri si appollaiano su un ramoscello particolare
Mostrando in silenzio la loro bellezza

A pensarci bene
Sono io che lo considero uno spettacolo
Sono solo deliziati dal profumo della primavera
Mite, piacevole con un tocco di brezza

Guance accarezzate
Calde per il puro piacere, stordita
Mi appoggio alla staccionata di legno
Anche questa è una sensazione di calore e amicizia
Tutto il mondo è caldo e accogliente
Voglio che rimanga così per sempre
Lo desidero, lo voglio
Ma sarà così?

Corro velocemente in casa
A prendere carta e penna e un carboncino a punta fine
Per disegnare una ghirlanda di delicati boccioli di prugna
Ma come disegnare il calore?

Una poesia potrebbe bastare!
Torno fuori
Mi appoggio alla tiepida staccionata
Il mio viso si sente accarezzato
Ah, sì, questo è ciò che fa per me

Capitolo 2

Perché dover raccontare

è ora di parlare
a viva voce di ricordi

UN PONTE AI RICORDI

Perché tanta fretta di dirlo?
Non ho malattia debilitante
né prevedo fine improvvisa

Le perle nella mia collana
sono ferme e ben solide—
perché allora questo volo

verso giorni quasi dimenticati
che forse sarebbe meglio
lasciare indisturbati

ma allora
chi conoscerebbe coloro
a cui sono dedicati?

Un ponte non crolla
quando i passi muoiono e
la mia vita è terminata

Non lo farò più:
è ora di parlare
a viva voce

di ricordi.
In questo non ho
che una semplice scelta

STORIE DI UN NOCE
A Paola, mia prima amica

1
Intorno al noce l'erba era soffice:
un accattivante cuscino di morbida ombra estiva.
lì, era la graziosa Nezzie
(pronuncia sibilante del suo soprannome
un ricordo di giorni più felici)
sedeva sola, rimuginava e si pentiva.

Oggi suo marito l'ha cercata di nuovo ed ha detto:
Guarda Nezzie, ti ho portato un cestino di fragole fresche.
Lei rispose con un: *No, grazie,* che gli gelò l'anima.
Sapeva e voleva chiedere: *dove sei stato la scorsa notte?*
ma le parole non uscivano dalle sue labbra amareggiate.
Lui lasciò il cestino per lei; lei lo lasciò per gli uccelli.

2
Sotto lo stesso noce, il loro figlio monello
offrì liquore di prugne ad una capra curiosa
che lo assaggiò e conficcò le sue corna d'ebano
in un albero vivo finché non si ruppero e lasciarono
una scia di sangue lungo il tronco scorticato.
Frustarono il ragazzo e tutti e tre
il ragazzo, la capra e il tronco, rimasero sfregiati.

3
Anni dopo io, la nipote, toccavo
i solchi deformi della corteccia ferita del noce
mentre attendevo un'amica che non è mai arrivata.
È stato il raid aereo della notte scorsa
a uccidere la ragazza della porta accanto
dissero i vicini ed indicarono un buco nel terreno
enorme, spalancato e che confermava
ciò in modo inequivocabile.

L'albero si era spaccato a metà;
la terra volando via aveva divelto le radici
e le aveva trasformate in punte di
una ruota rotta fermata a mezz'aria.

4
Settant'anni fa sgusciavamo insieme le noci;
la loro buccia acerba e amara
macchiava di iodio la nostra pelle
che diventava color ruggine.

È tutto ciò che ricordo:
niente volto, solo dita macchiate e un nome.
Solo Paola.

QUATTRO ZOCCOLI DI UN CERBIATTO
Sarajevo, estate 1942

Le allusioni tessevano un velo spettrale
alla conversazione durante la cena.
Mi perseguitarono per tutto il tragitto verso casa.

Oscillando come una piuma
nelle mani calde come il miele dei miei genitori
dopo quattro anni di camicette di organza
e un grande fiocco in cima a un caschetto riccio
ho sentito i suoni scivolare nell'oscurità.

Pesci argentati mi facevano capriole nelle orecchie
volumi di vocali mi scivolavano all'interno
con un fragoroso suono flautato. Gufi invisibili
ululavano al ritmo della premonizione.

Ho pianto, presa dalla paura. Oh, come ho pianto!

Cercarono di acquietarmi dolcemente:
Noi non sentiamo niente.
Deve essere la tua immaginazione.
Poi accelerammo il passo
per arrivare a casa prima del coprifuoco.

In quella notte non riconosciuta
non mi consolarono le parole.
Quattro zoccoli di un cerbiatto saltarono
oltre la recinzione di quattro anni di innocenza.

Questo è accaduto una vita fa.
I suoni cessarono, i gufi morirono
ma i loro ceppi aderiscono ostinatamente
alla catena di ricordi inspiegati
che a volte, senza preavviso
si tuffano in un caldo bagno di lacrime.

PER AMORE AI SUOI GENITORI

Rumore di stivali sulle scale.
Commozione. Panico.

Nascosto nella dispensa, accovacciato
dietro i barattoli di confettura di prugne
e albicocche appena preparati
sentì sua madre dire:

Stanno venendo a prenderci
salviamo il ragazzo
il ragazzo deve vivere.

Le parole echeggiano ancora nella sua memoria.
Un bambino di sette anni che sapeva di dover vivere.
Glielo si doveva.

Nell'angolo più profondo del suo cuore
in quella ferita rimasta aperta
da quando avevano portato via sua madre
quelle parole ticchettavano ancora
come un orologio sconsolato
ricordandogli il suo dovere
non solo di vivere
ma di vivere in modo significativo
nonostante sapesse che la ferita nel suo cuore
dove il dolore lo aveva colpito
non si sarebbe mai rimarginata.

Quando un suo amico disse:

Siamo una generazione rovinata.

Si risentì per tale verdetto così amaro
poi lo chiese al suo cuore
che ricominciò a sanguinare.

EPITAFFIO

Alle mie zie, zii, cugini
che sono morti nell'Olocausto

Potreste essere morti

nei campi di papaveri cremisi
arrossati dal senso di colpa

nel silenzio delle foreste
di bianche betulle

nelle carrozze sigillate dei treni
diretti ai campi di sterminio

nelle urla
delle docce mortali

nelle fosse calcinate
con mucchi di ossa insepolte

nel vostro paese
in un paese straniero

Non so dove o come

ma questo lo so:
non siete ritornati

vi hanno uccisi tutti
siete stati allontanati dalla vita

e io non sono credente
ma in alcune notti clementi

nei miei sogni selvaggi
oso sperare che i vostri spiriti

un giorno si uniranno al mio
e ci conforteremo a vicenda

in un mondo migliore di questo
nel regno del tempo indefinito

libera di immaginare l'amore senza perdita
libera di abbandonarmi a tale amore

IL LAMENTO DELLA NIPOTE
Per Ester

La mia bellissima zia nubile. Una cascata
di capelli corvini, come quelli di mia madre.
Gli occhi neri, ora spenti, guardano da una
fotografia color seppia sbiadita con i bordi spezzati.

Un fiore colto prima che sbocciasse completamente
un giovane filo d'erba, calpestato violentemente
dagli stivali che marciavano a ritmo nazista
sul sentiero segnato dalla stella gialla ben visibile.
Se non lo era, la pena era la morte.
In entrambi i casi, la pena era una morte prematura.

Deturpata da un francobollo tedesco, l'ultima logora
cartolina ci ha mentito dicendoci che stavi bene:
le sue righe annerite urlavano di dolore.

Il tempo scorreva senza conforto per coloro
che ti amavano. Il cielo piangeva piogge sconsolate
che spazzavano via la speranza. La cartolina svanì
nella piena del fiume Sava inviata dalla provvidenza
che già sapevamo essere crudele.

Perché risparmiare una cartolina se il mittente è morto?
Così è annegata la testimonianza. Un vestito
che hai fatto all'uncinetto per me
(ricordo la delicatezza del tessuto
un dono di mani amorevoli per un'amata nipote)
è annegato anche lui.

È sopravvissuto un solo tesoro:
un semplice bottone, color erba verde pallido
uno dei quattro bottoni, ognuno dei quali
rappresentava un anno della mia età.

Passarono gli anni.
In un astuccio rotondo dal coperchio rosa
foderato di morbido velluto nero
destinato a contenere un gioiello
il bottone aspettava. Lo trovai, ci giocai.
Mia madre, preoccupata che potessi perderlo
lo rimise delicatamente nella sua tomba di peluche.
Omama, mia nonna, pronunciò con le lacrime agli occhi:

Lasciala giocare e tenerlo in mano.
Cosa sono le cose, abbiamo perso molto di più.

Sentivo che avrebbe voluto continuare
ma le parole morivano nel tremito della sua voce.

Entrambe ormai scomparse, sono diventata mia madre
e mia nonna. Lascio che i miei nipoti accarezzino
la forma bitorzoluta del prezioso bottone.

Quando poi lo adagio amorevolmente
nel suo luogo di riposo di morbido velluto nero
nel mio cuore, mi sento in contatto con la mia defunta zia
e per quanto sia poco, ne traggo conforto.

Ecco, quindi, il mio lamento:
l'erba giovane calpestata dagli stivali
appassiva, moriva e scompariva nel terreno ostile
senza lasciare traccia, e questo è stato permesso.

E questo è il mio dolore:
ricordo il vestito ma non il tuo viso;
ricordo la morbidezza del filato
ma non la morbidezza delle dita che lo hanno lavorato.

Mi ritrovo con un'immagine sbiadita color seppia
e un bottone, il colore dell'erba pallida
e la superficie di una bacca acerba.

Capitolo 3

Nei raggi del sole invernale

nel mio cuore una melodia agrodolce
ondeggiava tra le piume della solitudine

NEI RAGGI DEL SOLE INVERNALE

In una stanza troppo piccola
vecchi mobili sparsi
aprono lividi su gomiti e stinchi

Un letto di quercia, troppo grande
da spostare per fare posto di giorno
una scrivania, troppo pesante da muovere
per fare spazio di notte

una credenza stipata
di libri al posto di oggetti e
porcellane floreali

una stufa argentea per riscaldare
troppo vicino al letto
elegante
ma inutile nella sua lucentezza

Evidenze
della mia goffa infanzia
trascorsa con cose
che non potevo muovere né sollevare

crescendo con adulti
impegnati a far sopravvivere
le loro preoccupate ombre
che mi passavano sopra

Fuori
i ghiaccioli crepitavano, sciogliendosi
ai raggi del sole invernale
che trasudava diamanti

Che belle
le giornate di respiro nebbioso
sui vetri ghiacciati!

EREDITÀ

Le tende ben chiuse tengono lontano
il chiarore della luna dal centro del mio mondo.

Una luce vaga tremola dentro la stanza
Salvati a caso, i mobili sono malandati
ma stranamente belli; un fantasma della
vita passata aleggia sospeso, palpabile.

Parliamo piano, mia madre, la sarta e io
al rumore delle forbici, tagliando e rifilando
durante una notte di confidenze.

Ogni tanto, il luccichio dell'acciaio cade
sulla carta del modello, poi scivola via
e tutt'intorno ai bordi del tavolo, cadono
frammenti come foglie autunnali sparse
sul pavimento dei ricordi.

All'ombra in movimento delle sue spalle curve
la sarta tende lo sguardo; le sue dita ruvide
si prendono cura di tessuti rari, preziosi.

Non c'è orologio e nessuno
controlla il tempo che corre.

Gira delicato il pedale di una vecchia
macchina da cucire, vero e proprio cimelio
di ferro scolpito da un anonimo artigiano:
foglie e viticci lavorati con tenerezza.

    Ascolta il ronzio del cucito
    un ritornello della vita quotidiana.

L'indumento è finito da tempo
le forbici quiete, la macchina silenziosa
tra le mie braccia stringo graziose forme
di ferro battuto, il centro del mio mondo.

SPLENDORE IN CUCINA

Genitori e figlia in casa

tra mura inclinate
che reclamano riparazioni urgenti

Il padre accende una lampada
che pende dal soffitto

un oggetto oscuro, oscillante
che agita ombre di marionette

Sulla tovaglia a quadri
rimangono i resti del giorno

qualche briciola
una terracotta:

tre piatti ammaccati
tre tazze da tè sbeccate

e una imitazione
di una saliera Delft

Camminano
a piedi nudi

Il pavimento in assi scheggiato
punge la pelle tenera

La madre prende in braccio
il bambino che piange

e gli bacia via le lacrime

Guarda tesoro
un banchetto imbandito

i calici
e un lampadario

PER LA TRADIZIONE DI FAMIGLIA

Il susino dietro casa mia è stato potato troppo.
Nella disperazione, ha dato frutti più copiosi
il terreno circostante, ubriaco di *slivowitz*
io di ricordi.

Sliva significa prugna in croato, il suffisso
witz è uno scherzo in tedesco.

Ho visto il volto dello zio Stephan
un narratore di barzellette nato, anche
se non gli importava niente dello *slivovitz*.
Lui era solo il protagonista di uno spettacolo
teatrale annuale per la confettura di prugne.

La zia Rosa mescolava la frutta con una speciale
spatola di legno intagliata per raschiare una padella
pesante, smaltata. I bambini si alternavano
aspettando di leccarla per pulirla.

Quando la marmellata si addensava, zio Stephan
raccontava solennemente la stessa storia ogni anno.

Ecco come capire che la marmellata è pronta:
il mestolo deve lasciare una scia netta
come la mano di Dio quando aprì il passaggio
agli antichi ebrei per fuggire dall'Egitto.

Questa era la lezione biblica del tempo delle prugne.

A proposito, il nome di zio Stephan era Mosè
prima che lo cambiasse per renderlo meno
vistosamente ebreo. Sopravvivere era già difficile
anche senza un nome del genere

Toccò a Mosè dividere il Mar Rosso
toccò al suo omonimo dividere la marmellata di prugne.

I bambini adoravano la storia. Si è fatta strada
nella tradizione familiare, persino in questa poesia.

A volte la Bibbia prende vita
nei modi più inaspettati.

FINE DI UNA STRADA GHIAIOSA

Alla fine dei pascoli verdeggianti
una strada ghiaiosa si snoda
verso un orizzonte scintillante.

Là appunto scaricherò
le mie braccia piene
di fiori, fragranti frutti e pigne.

Li appoggerò sul lino ricamato
con cento piccole pagnotte
di pane quotidiano
sparse sui vassoi in miniatura
che ho realizzato con l'argilla
che anche se verniciata
profuma ancora di terra:
e questa sarà la mia offerta.

Ciò che restituisco non sarà mai
abbastanza, dovrò dare sempre di più:

Al soffice tappeto d'erba
    sotto i miei piedi.
Alle erbacce che ho calpestato
    ma che non mi hanno fatto male.
Alle foglie del platano
    che mi ha lasciato melodie ocra
    le cui note mi seguono fedelmente
    come una bontà costante.
Ai narcisi color zafferano
    che ondeggiavano intorno al gazebo
    dove ero solita passare
    mentre andavo a scuola.

Camminando sotto il sole
camminando sotto la pioggia.

Oh, questo incessante ritornello
di gioia e tristezza!

Ormai ne conosco a memoria la musica:
le note imprevedibili del desiderio vivo
della perdita, dell'amore, del dono
la conversazione della vita che passa
il sussurro incurante del vento
che soffia tra i giunchi

e dietro la staccionata
le voci cinguettanti dei bambini
alla fine della strada ghiaiosa.

IN ONORE DEL CLICHÉ:
COME SONO CAMBIATI I TEMPI

Le schiene dei miei nipoti si piegano sotto
gli zaini pieni di libri, cianfrusaglie
panini ed un immancabile cellulare.

Alla loro età, portavo a scuola una borsa di pelle
usurata e deforme, abbastanza larga da contenere
una piccola lavagna e una spugna asciutta e senza peso.

Crescendo a Zagabria, sotto gli occhi da falce-e-martello
del compagno Tito, era normale non avere carta
a dimostrazione che le norme possono essere elastiche
come la gomma da masticare che arrivò dopo

la Seconda Guerra Mondiale con pacchi regalo americani
in morbida carta stagnola argentata
più preziosa della gomma stessa.
Arrivavano anche lattine di fagioli e carne troppo zuccherati
che a nessuno piacevano, ma avevamo fame
e li mangiavamo con gratitudine.

Oltre al cibo, calzature eleganti avvolte
con tanta carta velina sprecata
da far piangere, e lo facevamo:
le scarpe troppo strette per i nostri piedi ruvidi.

Le madri portarono le scarpe ai calzolai:

> *Fate qualcosa con loro, prendetene tre paia*
> *quattro, fatene un paio che mi vadano bene!*

Il calzolaio aveva due figlie della mia età.
Mia madre cuciva i loro vestiti
lui risuolava le nostre scarpe gratis.

Le ho chiesto:

Cosa avresti fatto
se non avessi avuto figlie?

Lei rispose:

Non essere sciocca
avrei pensato a qualcos'altro.

Ha usato gli scarti di stoffa per realizzare
gonne meravigliose come
le trapunte olandesi della Pennsylvania.
Le mie amiche e io: i manichini
lei: la nostra Coco Chanel.

ASCOLTANDO SENECA

La solitudine è per lo spirito
ciò che il cibo è per il corpo.

Ho camminato a passi gravosi nei giorni
della mia adolescenza. Sulla mia spalla

una pietra grigia di solitudine
venata di bianco da fili di speranza

Ed ero smarrita, ed ero triste
ed ero sciocca, e troppo seria

Nel mio cuore una melodia agrodolce
ondeggiava tra le piume della solitudine

La pietra grigia desiderava compagnia
le vene bianche non ne fornivano

Se hai mai portato una pietra del genere
questa poesia è scritta per te

Ho cercato il balsamo nelle parole calme
dei saggi e nei volti dei passanti

Ho visto occhi che guardavano
ma non incontravano i miei

e sorrisi destinati a qualcun altro
Stavo imparando a riflettere e ad aspettare

Non so quanto tempo fa esattamente
ma a suo tempo

la pietra grigia mi sussurrò:
Non ti sono più utile

e in un istante cadde da me
lasciando un uccello sulla mia spalla

Capitolo 4

Fichi, nocciole, uva moscata

e pane quotidiano
spennellato con olio d'oliva
come era usanza del luogo

ULIVO (*MASLINA*)

... Mi siedo così tranquillamente con una candela ...
Il suo olio profuma di olive dei campi di mio padre
la sua fiamma è una scintilla di fuoco del sole
e quando il mio cuore si sente pesante tra gli uomini
e la notte tempestosa infuria, appare un cerchio magico
in cui, intorno a una lampada a olio
la bella vigna di mio padre sta diventando verde
circondata da una corona di ulivi
Sotto di essa, un ragazzo sogna ad occhi aperti mentre l'uva
matura e i grilli cantano sempre più forte
Da qualche parte molto lontano, il mare gorgoglia e
nel limpido azzurro celeste, fluttuano
due nuvole, snelle, bianche ...

Estratto dalla poesia "Ulivo" (*Maslina*) di Vladimir Nazor
tradotto dal croato dall'autore.

ISTRIA DI UN TEMPO

Fichi, nocciole, uva moscata

More gravide fermentano
una pozione potente che cura le malattie
un morso di ragno cremisi
una maledizione col malocchio

La terra rossa di bauxite amaro suolo
alleva uomini in larghi pantaloni di juta
i cui fazzoletti annodati ai quattro angoli
sbirciano come uccellini dai cappelli di paglia
spiegazzati ove i larghi bordi tengono
il sudore lontano dai loro occhi

All'alba, il loro passo saldamente piantato
sveglia la campagna
delle loro vite saldamente piantate

Lavorano l'argilla avara;
gli utensili arrugginiti dei loro nonni
si fondono con i palmi delle loro mani
fino al fiorire di vesciche

A mezzogiorno, quando il vento stanco si placa
e sfumature d'argento abbracciano
le ginocchia degli ulivi grigio-verdi
essi riposano. Si appoggiano con i torsi doloranti
ai tronchi nodosi degli alberi, e da lontano
uomini e alberi sembrano uguali

Le loro donne portano brocche di vino
e acqua per alleviare le loro teste
dal nuotare nei troppi soli accecanti
che girano intorno alla campagna bruciata

Ah, quelle ragazze che si trascinano
sui sentieri tortuosi, le brocche galleggiano
in cima ai capelli indorati dal sole
Per loro i cuori sussultano, la terra ondeggia

Seguendo ogni giorno lo stesso percorso
ampie gonne passano sulla terra con tenerezza
Nel loro cammino, un profumo di timo
e dolce maggiorana

MALENA DEL VILLAGGIO

La pazza Malena era di nuovo a caccia.
Comunicava con il vento e il mare aperto
setacciava la spiaggia alla ricerca nella sabbia di granchi
da catturare e rilasciare, e li osservava
scomparire nella sabbia che filtrava.

Domava i piovanelli maculati e nervosi
e i gabbiani che si pavoneggiavano sicuri
ma le donne del villaggio si aggrappavano ai loro mariti
temendo un certo fuoco nei suoi occhi
mentre i loro eran velati dalla stanchezza della vita.

Malena si liberava dei suoi sorrisi senza discrezione
e parlava all'erba a piedi nudi.
Fiutava l'aria per ricordare qualcosa
o qualcuno, e lasciava che le sue vaghe speranze
indugiassero sulla scia di una brezza serale.

Possedeva solo un sottile strato di stoffa
tra la sua pelle e il resto del mondo.
Malena vestiti, dicevano le donne
o per il freddo ti colpirà la morte.

Malena scuoteva i suoi riccioli selvaggi in risposta
e fissava davanti a sé con quegli occhi color carbone
che potevano bucare col fuoco un legno galleggiante
che il mare le lasciava sulla spiaggia ogni notte.

A quei tempi, non l'avrebbero rinchiusa
perché era Malena. Passò accanto alle piante
native e medicinali e non ne raccolse nessuna
ma prese bracciate di rose selvatiche spinose.

Una vecchia le avvolse un fazzoletto bianco
attorno alle dita sanguinanti, dicendo gentilmente:
Malena, fai più attenzione la prossima volta e
le offrì del cibo che Malena afferrò
e anche se era un regalo lo nascose
sotto il suo vestito monostrato, scappò sulla spiaggia
e gettò le rose nel mare agitato.

Andò a dormire sotto un albero di alloro
rovesciando i capelli sul cuscino di legno galleggiante.

UN VENTAGLIO BLU

Le ruote suonavano la rumba sui binari:
bah-rumba, bah-rumba, rumba.

Tredici e in vacanza
un quaderno di pagine vuote
un volto sporgente dal finestrino
il vento che mi si affievoliva tra i capelli.

Il mare apparve dal nulla:
un triangolo azzurro rovesciato
solo una fessura all'inizio
poi un grande ventaglio blu è esploso
in uno scintillio di acquamarina che mi ferì.

Nessun altro mare poteva essere così bello!
Colorava i miei desideri di blu
li profumava di sale.

Lentamente e come previsto
il treno scivolò verso Rovigno
lasciando la vista alle spalle.

Per tutta la vita ho cercato quel
ventaglio blu in diversi oceani.
Ho creato le mie onde private
le ho fracassate in mille gemme
ho guardato negli occhi di cobalto
ammalianti ma falsi.

Ho riflettuto su una pozza di marea tremolante
intrappolata dal mare che si ritirava.
Un banco di pesciolini argentati
troppo caldi per le loro abitudini squamose
brulicavano e aspettavano
che un'onda li portasse a casa.

Ho aspettato con loro. Aspetto ancora
Oltre tutte le maree, aspetto che l'acqua
indossi la giusta tonalità di blu.
Non lo fa mai. Non lo farà mai
ma il mio cuore stregato obbedisce
all'incantesimo del ventaglio blu.

UNA VEDOVA DI GUERRA
A Fosca

Incorniciata da una porta inclinata
una oscura veste nera avvolge
una piccola figura ancora eretta e snella.

In una corona di capelli brizzolati, un viso
delicato e rugoso per il sole spietato
e un dolore ancora più spietato:
una capsula di vita passata
come il suo perduto marito.

Gli occhi di fiordaliso scrutano senza lamentarsi
leggermente stupiti dal modo di vivere.

Conosco questa donna.

È l'aroma della casa. Un odore di pane cotto
e pesche mature, un pavimento in cotto pulito e lavato
indumenti stesi sulla corda fatta in casa, il calore estivo
che scorre attraverso persiane malandate, un ricordo
di mele dimenticate, che aleggia dalla cantina.

Parla attraverso i sussurri di stanze semivuote
sedie che scricchiolano, rubinetti che gocciolano
e zampe di gatto appena udibili che si trascinano verso
gli avanzi che lei lascia loro, povere creature di Dio.

Lei è lo svanire del giorno nella notte in un vestito
a lutto indossato per le albe di dolore che l'attendono.
Lei è tutto questo.

Una moglie che ha vegliato accanto al marito morto
riportato a lei in una notte quieta quando la luna
è diventata opaca e le stelle hanno smesso di brillare
vergognandosi del loro splendore.

Una madre che ha visto i suoi figli
fuggire dal nido impoverito, mentre
la nebbia cresceva sulle tracce lasciate.

Lei è anche questo.

Una volta era avvenente.
La grazia la seguiva come uno strascico nuziale.
Le risate incoronavano la sua casa come la schiuma
incorona le onde dell'oceano effervescente.

La sua bellezza era ovunque.

IL PANE DELLA DOMENICA

In fondo alla vecchia città collinare
dove case sparse spuntano come cespugli
attorno ad alberi secolari, una fila di camini
rompeva l'armonia delle tegole di terracotta:

un panificio senza nome né numero
perché non ce n'era bisogno
avvolto nell'aroma che emana
dal pane fresco e dai dolci della domenica.

Lì Doro viveva da solo, un uomo felice e ingenuo
che non veniva mai chiamato con il nome che
gli aveva dato sua madre: Teodoro, un dono di Dio,
il suo bellissimo bambino.

Crescendo imparò a fare il pane; si aggrappava
ai suoi grembiuli e al suo nuovo nome
e si sentiva al sicuro.

Faceva una gara quotidiana con l'alba:
portava dentro la legna e attizzava il fuoco
lo alimentava con mantici di cuoio, aspettava
le pie donne nei loro abiti migliori della domenica.

Mentre queste sollevavano il panno bianco
dai loro cestini di vimini, raccomandavano
alle sue cure le trecce di pasta, gli sorridevano
e lui sapeva di essere amato.

Elegante come un maestro che dirige un legato
piazzava le pagnotte di pane rigonfie su vassoi ovali
e con una lunga pala li spingeva profondamente
nel cuore ardente del forno.

Eseguiva questo rituale finché l'ultima gonna nera
non girava l'angolo sulla sua strada per la chiesa:
un merlo volato via nella nebbia del primo mattino.

Senza ornamenti e piccola, la chiesa era riposante
dopo i ripidi gradini di pietra consumati dalla devozione
un luogo sacro dove le donne si inginocchiavano con
il capo coperto, riversando i loro cuori sui santi preferiti
poi parlottavano discendendo i gradini, mentre
le ombre si allontanavano consolate dal mattino purificato.

Il pane era previsto cuocere molto lentamente
per essere pronto per le donne
che tornavano dalla messa mattutina.

Arrossito dal calore del forno, Doro aspettava orgoglioso
il suo viso lucido come il pane quotidiano spennellato
con olio d'oliva, come era usanza del luogo.

Le donne riportavano i cestini di vimini
alle tavole della domenica
per infondere alle loro varie gioie e dolori
il conforto del pane appena sfornato.

Capitolo 5

Amore, cos'altro?

noi, due pezzi di un puzzle

ENIGMA

Come i dettagli di colline lontane
svaniscono nelle immagini riflesse
Come cristallizza l'essenza

Perdita e guadagno

Presi in una danza infinita
azioni e reazioni
si bilanciano e governano il mondo

Ma cosa governa il cuore?

CANZONE D'AMORE

Nel silenzio della casa addormentata
ti raggiungo nel lenzuolo damascato
che ho stirato nelle mie giornate domestiche.
Tocco il calore della tua mano amata
l'ancora inconsapevole della mia anima
così vicina, così lontana nel sonno.

Come ti ho trovato nel vasto mosaico
di incontri, riconosciuto, tenuto
stretto con certezza incrollabile?
Come ho saputo seguire l'amore, lasciare che
la tua mano guidasse la mia in completa fiducia?

Noi, due pezzi di un puzzle che si adattano
e sentono intimamente la forma l'uno dell'altro.

      Due binari paralleli
      che trasportano il treno della vita.

Svegliandoci affettuosi, insieme
abbiamo ricordato i segreti gioiosi della notte
abbiamo tessuto i nostri giorni con intrecci
di speranza e di risate.

I nostri figli,
l'impronta di noi nei loro lineamenti e
in quelli dei loro figli, riportano tratti
dello stesso treno attraverso le generazioni
riconoscibili di tanto in tanto
nella postura o nella voce
nel modo in cui un sorriso apre il viso
o per caso, un pensiero non sentito prima
ma posseduto in precedenza da qualche antenato.

Così il raccolto
premiante della natura.

A volte si è mostrato difficile il viaggio
bilanciando la felicità con la tristezza
ma per tutto lo sconcerto della vita
le nostre mani restavano intrecciate
in una tenera motivazione.

I giorni infilavano una collana aperta.
Le stagioni scorrevano inesorabili
senza dover essere spiegate e noi,
troppo assorti nel vivere
per riflettere sulla loro preziosità
non ci accorgevamo del loro passaggio.

Il treno rallenta avvicinandosi
alla destinazione; assurdamente, il tempo prende
velocità scorrendo verso un'età in stallo
ma l'incantesimo che mi ha condotto attraverso
la vita rimane illeso. Ancora ascolto il suo invito.

ORLANDO
In omaggio a Virginia Woolf

Ti aspetto su un promontorio remoto
dall'altra parte del tempo e dello spazio

Sopra di me le oche selvatiche
solcano un vuoto immenso

e ai miei piedi, la polvere del crepuscolo
esita a depositarsi

Sola in mezzo alla folla
ti cerco tra un turbinio di volti

che con il loro rumoroso vociare
indicano la mia solitudine

Un giorno ti troverò con la stessa facilità
con cui cade una goccia turgida d'acqua

come la sonorità del canto di un uccello
raggiunge un altro

e la terra risvegliata stenderà un tappeto
di doni di stagione

morbidi nei loro mantelli verdeggianti
maturi in un maestoso profumo estivo

Le nostre anime si fonderanno allora
in un'unica esplosione di riconoscimento

muto ma eloquente
ricevere e dare

finché tutti gli opposti riconciliati
non riposeranno su una calma e levigata laguna

CRESCENDO

Sono ebbra di sole
intrappolata tra la pelle dorata

e la polpa succulenta dell'uva
fermentata nell'oscurità di una botte di legno
stretta da anelli di ferro cinti di fiamme

Sono inebriata dal suono
dei grilli che friniscono senza posa, diffondendo
pizzicati come da un violino, affascinati dal proprio richiamo d'amore

Soprattutto, mio amato, sono innamorata di te
Ritirati ora luna superflua, non desideriamo
il tuo splendore stanotte, solo il tremolio di lucciole ardenti

GIOIA

Nell'oscurità
le ragnatele brillano
sospese nella loro delicatezza

Piccoli germogli aspettano di aprirsi
e con urgenza premono sui sottili
giovani rami di prugna dolce

Come palpita la natura di gioia!
Tu, mio cuore, unisciti ora a questa notte
di giovane passione, un'umida notte d'amore

I corpi parlano, pelle contro pelle
Le anime si rivelano in un tocco

SOGNI DI NASTURZIO

In realtà

siamo insieme

Nei sogni

ognuno per conto proprio

ma nella luce nascente di questa mattina

ricordo di aver sognato di noi

che percorrevamo lo stesso sentiero

a passi paralleli

e il sentiero era allegro

con i nasturzi

e l'aria profumava

di caprifoglio

❀ ❀ ❀

Dormi così pacificamente accanto a me

Se ti svegliassi ora

potresti

ricordarti di noi

insieme

nel mio sogno?

RITRATTO DI BAKA
per mia madre

Rannicchiata in uno scialle di lana
su un banchetto di legno
sedia a dondolo
un alone di vaporosi capelli bianchi
si posava sui respiri delicati e soffici
del suo petto infossato

Offristi le palme delle mani
all'aria balsamica estiva
e ovunque I suoni si placarono

La brezza cessò
la sedia a dondolo si calmò
il sole si chinò
le baciò le spalle
la prese per mano
aprì un cancello sognante

Un libro scivolò dal suo grembo
e si addormentò in una culla di margherite

Capitolo 6

Le radici delle cose

le loro mani disperate venivano
da lontano

ERBE AMARE

Madre, non mi piacciono le erbe amare
che raccogli chinandoti sui cespugli.

Mangia la tua cena, figliolo!
Rutabaga, radicchio e rape sono
elemosine di questa terra avara.

Bevono dal ruscello di montagna
che scorre oltre la grande quercia
alla cui ombra le primule

hanno fatto un letto per te
e hanno sfiorato con dolcezza
le tue sopracciglia addormentate.

Ma madre
non mi piace il sapore delle erbe selvatiche.
Domani cercherò pascoli diversi.

Sì, lo so, figliolo.
Mangia la tua cena.
Resta per la notte.

Domani ringrazierai
la grande quercia
e non ti tratterrò.

SEGUENDO UN ARCOBALENO

Il fascino di luccichio
scintilla nell'aria
Una scala di vetro
che non so dove porta
finché non la salgo

Scarpette di cristallo
forgiate nella speranza
suonano campane delicate
Incurante della paura
seguo l'arcobaleno

Accecante è la luce
scivolosa la scala
Non so cosa cercare
ma ciò che troverò
sarà bello

NELLO SPAZIO DELLA FANTASIA

Senza confini, sbranato
dalle onde

che mi hanno fatto rotolare
ho perso la mia anima

come una vecchia staccionata
sul punto di cadere

Ora che so
chi non sono

nessuna tribù o credo
mi possiederà mai

Rimbalzerò di nuovo
sulla terraferma

e trarrò
la forza

dalla semplicità
di un trillium selvatico

I miei occhi nuoteranno
nella meraviglia

che ci possa essere
così tanto potere

in una composizione
minima

di un semplice minuscolo
fiore nello spazio della fantasia

UN RACCONTO DI TRASTEVERE

Duemila anni fa e oltre una fine pioggia
spruzzava i nostri concittadini romani.
È bello bagnarsi alla pioggia primaverile:
allora, proprio come adesso, la pelle giovane si rianimava
gli occhi brillavano dietro le ciglia scure
all'aria inebriante di violette mentre i ragazzi offrivano
riparo alle ragazze che sorridendo accettavano.

Cinquant'anni fa e oltre
rannicchiati sotto un nuovo ombrello, ci siamo scambiati
parole tenere da amante ad amante, parole deliziose
e sciocche come una madre che sussurra a un bambino.

A Trastevere in Roma
il fiume Tevere si gonfiava
e noi, al sicuro dietro la cortina
di gocce di pioggia rimbalzanti,
poveri ma finalmente liberi
camminavamo, soli ma insieme
in un profumo di violette.

Come rallentava il tempo
per noi due persi nella pioggia!

Cinquant'anni dopo
di nuovo a Trastevere
riparati dal crepitio
della pioggia autunnale
diciamo con affetto
con le nostre voci rauche
avvicinati, non bagnarti
potresti prendere freddo.

Ora che siamo vecchi, ci fermiamo un po' di più
ci spostiamo sulla ringhiera
del marciapiede e ascoltiamo
la *Water Music*
che risuona sul nostro ombrello.

ARGENTO IMMIGRATO

Nel cassetto delle posate riposa un insieme
di sei vecchi coltelli, strani e datati

Manici in finto legno, con scanalature color cioccolato
lisce e consumate, lame ossidate
ma sempre meticolosamente affilate

I bambini cresciuti si meravigliano di questi
utensili scadenti ma i genitori li venerano
e non sentono il bisogno di difendere il loro affetto

Ricordano la nave chiamata *Independence*

Come scivolava, un cigno bianco fiducioso
nel porto di New York in vista della
Green Lady, i suoi drappeggi seducenti
appena distinguibili nella nebbia del primo mattino

Con la speranza in tasca, se la passavano
meglio di molti altri, avendo portato con sé
una certa indipendenza
che deriva dall'avere una professione

Lavoravano sodo. Quando rifornivano l'auto
di fumi liquidi che odoravano di successo
la stazione di servizio Shell regalava loro un coltello
finché non ebbero una collezione di manufatti
solcati da ricordi di aspirazioni
più care dei successi

Non potranno mai disfarsene
più del ricordo della loro giovinezza

LE RADICI DELLE COSE

Stavo scavando il terreno
per piantarvi germogli

Quando alcune radici assetate
apparvero dall'arida terra

Le loro mani disperate
venivano da molto lontano

Quegli immigrati pionieri
imprenditori della Natura

Che arrivavano da sottoterra
come mendicanti smagriti

E privati di tutto
cantando un'ode alla speranza

Ho scavato intorno a loro teneramente
tremando di empatia

Non sempre si sa
dove la vita può indugiare cercando di sopravvivere

Non sempre si conosce
se stessi

Capitolo 7

Lasciar andare

ecco che se ne va il passato
ecco che arriva il futuro

FUGA

Una nuvola
    sognante
       argentata

Salgo
    per essere me stessa
       nel regno
          del mio mondo

Quando sono chiamata a tornare in vita
con i piedi ben saldi a terra
attorno al tavolo da pranzo di famiglia
circondata da volti cari

desidero ancora
    salire verso
       quell'altra vita
          sulla nuvola
            da sola

CAMMINANDO A BELMONT

Accanto a una serie di modeste abitazioni tra chiazze
di salvia e rosmarino, yucca e bocca di leone viola
una casa in stile Tudor colpisce davvero in modo strano.

Tenuta come fosse un giardino in cui le fate della pioggia
vivono negli irrigatori, mantiene l'illusione di rigogliosità
in questa arida terra.

La tradizione si intreccia con l'edera
che si arrampica sulle travi decorate
mentre il prato ben curato parla con affetto di cappelli fioriti
come quelli che le regine inglesi indossano alle cerimonie
e che le bellezze del sud indossavano ai balli delle debuttanti.

Mi dico: *ecco che se ne va il passato.*

Una coppia passeggia.
Lei, avvolta in un sari cremisi
  cosa poteva fare suo marito se non amarla
  così avvolta in una grazia ondeggiante.
Lui, nei suoi desideri colorati di rosso e arancione
  sente il sussurro di un albero di tamarindo.

Continuo a camminare.
Il viso rotondo di un ragazzino
sbircia da un'auto che procede lentamente.
Mi sorride con tutti i suoi sette od
otto anni di radiosa cordialità.

Nella Carlmont Plaza
uno sciame di studenti delle superiori
di tutti i colori, moda e voci
si appollaiano sugli sgabelli dei caffè all'aperto
chiacchierando come uccelli sui fili del telefono
gustando insieme il loro pranzo.

Non sanno ancora cosa fare.
I loro occhi brillano di un'impazienza adolescenziale
per la vita che non ha ancora scritto molto sui loro volti.

Mi dico: *ecco che arriva il futuro.*

LASCIAR ANDARE

Splendente al sole, una staccionata
bianca incornicia la profumata distesa
di erba appena tagliata
calpestata dai bambini, un parco giochi
per loro che si rotolano
nella sabbia umida, costruiscono cumuli
modellandoli, chiamandoli castelli
e due altalene per i più piccoli, occupate.

In alto, in alto, fino al cielo
Johnny volerà, Johnny volerà.

Una giovane madre dondola il suo bimbo
dalle guance rosee e gli occhi scintillanti
tutte cose in boccio e tenere
dondolii vigorosi che lastricano
il resto della giornata e della settimana
sollecitando gorgoglii di gioia
che chiedono di più, di più, di più.

Un bambino di tre anni si dimena
si divincola dalla presa della madre
precipitando lungo uno scivolo precario
destinato a un bambino più grande.

Da solo, da solo!

È qui che inizia la fuga:
su questo prato appena tagliato
sull'altalena dei ricordi del lasciar andare.

Un'altra donna, più anziana e straniera
dondola un tesoro di bimbo di qualcun altro
su e giù, su e giù.

Le mancano le guance rosee
e gli occhi scintillanti dei suoi cari figli e nipoti
e il suo cuore lasciato
nell'alito ardente del sole natio
che ha sciolto l'argilla
del focolare abbandonato.

I suoi occhi a tale pensiero si velano.
Ricorda con struggente dolcezza
le piccole forme che si facevano più piccole
mentre la distanza lastricata di imprevisti
appesantiva le sue braccia, ed ancorava
le sue caviglie con preoccupazioni.

Cosa permetterà il futuro?

Il sole sale su una scala invisibile
senza una risposta.
È ora di pranzo; tutti lasciano
l'erboso parco giochi
incorniciato dalla staccionata bianca e
da una canzone che continua a ripetersi.

LA MIMOSA SU AVON STREET

Cento occhi mi hanno trafitto la schiena.
    I nodi spalancati mi fissavano
    dal tronco di un albero di mimosa
    spoglio tranne per alcuni germogli precoci
    che punteggiavano radamente la sua pelle denudata.

I nodi spalancati mi fissavano
    attraverso le cicatrici impresse nella corteccia
    che segnavano un tipo speciale di perdita:
    forse di qualche ramoscello abortito
    o della mutilazione di un'ascia sui rami.

Con le cicatrici impresse nella corteccia
    l'albero mi imponeva la sua tristezza
    assomigliava alla resa della natura
    di un dipinto di Magritte, ma più sinistro
    vivo e oscuramente insistente.

L'albero mi imponeva la sua tristezza.
    Ho cercato di ricordare il suo precedente splendore
    ma non ci sono riuscita. L'impressione
    che aveva lasciato nei miei occhi, si era già depositata
    più in profondità. Di nuovo, con fervore

Ho cercato di ricordare il suo precedente splendore
    sperando che l'albero fiorisse di nuovo
    nonostante le sue ferite, e che i grappoli
    dorati di ciuffi vellutati fossero
    ignari del dolore che li aveva generati.

Spero che l'albero fiorisca di nuovo
    e si crogioli ringiovanito al sole.
    Vieni, cammina con me lungo Avon Street!
    Insieme, dimenticheremo presto le ferite
    e celebreremo l'arrivo della primavera.

TERRAZZA DOPO LA PIOGGIA

Si potrebbe pensare che la terrazza nel mio giardino sia ordinaria
ma oggi ci si sbaglia.

La pioggia ha smesso.
Attraverso i cieli risollevati
il vento insegue le nuvole fuggitive.
Il sole, liberatosi, riversa i suoi raggi trionfanti
attraverso le querce vive.

A terra, una brezza
sfiora le pozzanghere che brillano con innumerevoli
variazioni, dal discreto al giubilante
le foglie che cadono danzano, ombre delicate
tessono un ricamo irrequieto sullo specchio sottostante.

Gli uccelli si sono uniti alla celebrazione
sfrecciando dai rami alle grondaie
con tanto ardore
e così rapidamente
che secondi dopo la loro scomparsa
resta solo la loro velocità.

Cinguettano e litigano
nell'esuberanza dell'aria purificata dalla pioggia.
Scrutano la scena alla ricerca
di vermi incuranti che oziano nell'umidità
poi piombano giù a raccogliere il pasto.

Sotto le loro ali
le foglie increspate tremano
i rami si liberano dai loro piccoli pesi
e come corde d'arco dalle frecce
vibrano spruzzando altre gocce di pioggia.

Domani, la bella Siena verrà
e disegnerà sulla grigia ardesia
le linee bianche del gioco della campana
un sole con trecce gialle, ondulato e
splendido come la criniera di un leone
e qualche volto di bambino a tenerle compagnia.

Correndo sugli alberi
gli scoiattoli si fermeranno
ad osservare il suo disegno
ed essendo troppo timidi per unirsi a lei
chiacchiereranno in ammirazione.

Sarà contenta di avere di nuovo il suo cavalletto asciutto
ma io desidero molto che quelle foglie cadute
ripetano la loro usuale danza sulla mia terrazza bagnata.

UNA VISITA ALLA PALY SCUOLA SUPERIORE

La porta dell'aula era socchiusa
La spinsi per aprirla, entrai in un mondo nuovo

Davanti a me un miscuglio di studenti
sfumature di
   luna pallida
      porcellana bianca
        mogano
          ebano

una benedetta distesa di colori come appena creati
prima che parole brutte come
     estraneità
        ed esclusione
          fossero mai state inventate

Dall'inclinazione della testa di mia nipote
riccioli sparsi sfuggivano
    indisciplinati
      elastici
         pronti a muoversi con il vento

Arti longilinei
talloni tesi impazienti
    pronti a sollevarsi dal terreno pianeggiante
      per scattare, abbracciare
        la terra, renderla
          una casa per tutti

Lei era una tra gli altri
simile a loro come fosse di famiglia
un corpo di speranza che spinge
un'ondata impaziente di giovinezza

Lacrime salate e dolci mi scendevano dagli occhi
Guidando verso casa, ho preso tempo:
con le mani non sempre sul volante
abbracciavo il mondo con gratitudine

Capitolo 8

Incubo estremo

un drammaturgo pazzo, a corto di idee
chiede una scimmia per manovrare la macchina

ALBA CRUDELE
9 novembre 2016

Mi distolgo
da me stessa
costretta a ricordare la notte scorsa

A stento uscita da un sonno profondo
non vedo ma sento solo
il sorgere del mattino nascente

Tremo e desidero fortemente
di strisciare di nuovo in un guscio
di lumaca senza luce

e lasciare che le cose
restino come erano
l'altro ieri

Oh, sogni, tornate
e portate via
questa alba crudele

INCUBO ESTREMO

Uno scenario strano emerge dall'oscurità
una fantasmagoria di forme sinistre.
Il silenzio scivola insidiosamente nel rumore
brontolando, crescendo, esplodendo.

Lo sconvolgimento frantuma il vecchio mondo
quello nuovo, forgiato nell'agonia
di una grande angoscia e ideali
graditi ad alcuni, odiosi ad altri
il suo aspetto finale, incerto
ma l'argilla resta sempre la stessa.

Questa è l'orchestra del destino o dell'evoluzione
violenta e feconda allo stesso tempo:
il meccanismo ben oliato, rotto
il progetto difettoso sostituito spesso, fallisce
un delicato equilibrio rattoppato
in qualche punto debole, oscuro.

Una proverbiale pagliuzza. Una ciotola di spaghetti
di software aggrovigliato, strangolato da sé stesso.

Una visione di più rivoluzioni travolge
finché tutti gli scenari non vengono rimessi in scena
e un drammaturgo pazzo, a corto di idee, chiede
una scimmia per manovrare la macchina.

La scimmia preme il pulsante:
una gonna tessuta in modo grezzo vince su una crinolina
una vanga colpisce la carne invece della terra
i traghetti trasportano carichi di acqua pesante
destinati a qualcun altro e i droni
diffondono l'inquinamento finale, voluto.

Di queste cose sono fatti gli incubi
che abortiscono la giornata.

Oh, mio cuore, non cedere
agli orrori della notte
bandisci le paure anche quando sono giustificate.
Non nutrirti di disperazione, ma di speranza
altrimenti sarai soffocato dalla mente
prima del tempo.

UNO STRUMENTO MANCANTE

Una famiglia inizia la mattina mentre
i media sullo sfondo
promuovono sane abitudini alimentari:

Una porzione di salmone servita di frequente…
e così via…La longevità di uno
scambiata con quella di un altro.

La compiacenza trasuda dalle squame
del salmone reale mentre tale ironia
gli fa sussultare le branchie:
l'acqua scorre, non c'è morte
solo scambio in questo mondo
     di cacciatori e prede.

Migliaia di lune fa, i nativi
ne veneravano l'abbondanza, cantando
con lo schiocco dei remi sull'oceano, mentre
pregavano la natura di perdonare
     l'uccisione per il sostentamento.

Migliaia di lune fa, i tamburi battevano
un sacro canto di espiazione
e il canto era gradito agli dei.
     Ma quello era allora.

Ora il re è incoronato
con la corona di reti lanciate
nello spirito dell'impunità.
Un giorno un cantante lo piangerà
     al funerale reale.

Lui solo verserà una lacrima
per uno strumento mancante dalla
vasta orchestra della natura selvaggia
mentre la buona terra soffrirà
gravata da troppi di noi
    e dalle nostre follie.

Ma il tempo eterno, come sempre
lenirà e appianerà tutto.
La vita scorre. Persino la morte è
    solo un cambiamento.

UN BARLUME DI SPERANZA

Soffoco nel nero pece di questa notte
presa in una nuvola rumorosa e minacciosa:
le toghe di avvocati si agitano nelle dispute
i politici cospirano e tramano.

La mano pesante del tempo
preme sulla mia spalla.
Si sta formando una tempesta
la gente semplice è disperata.

Smettete di litigare, voi governanti, ricchi e astuti!
Prestate attenzione alla folla ribollente qui sotto!
Non riuscite a prevedere una valanga di rabbia
che si solleva da quei corpi innumerevoli, anonimi?

Rabbrividite, voi vite imbottite, comode! Riscrivetevi
voi libri del giusto e dello sbagliato: questo fermento
non conosce regole. Paura, sei giustificata
a riempire i cuori, a farli correre come conigli.

I cavalli diventeranno selvaggi, i bisonti
si precipiteranno sulla terra disseccata
e non lasceranno che la culla di un bambino sia
sulla loro strada. Gli incidenti non conoscono colpa.

Oh, Eisenstein, abbiamo bisogno di te ora per registrare
le urla silenziose prima che siano udibili.

Le nostre narici, stordite e ottuse dalla bella vita
non riescono ad annusare nulla: né gli incendi furiosi
né il tanfo dei leoni marini morti, trascinati sulle
spiagge nere di catrame, sporche di petrolio.

Intorpiditi, come possiamo rilevare una minaccia
di annientamento inodore?

È quasi mattina.
La luce esitante si infiltra nella mia stanza.
Scossa da un incubo, è quello che era?
Ho paura di sentire le notizie, di ascoltare adulti
sconcertati, rassegnati o in procinto di dimettersi.

Questa volta, ci vorranno i giovani per sollevare
il mondo dalla sua fine. Cercherò risposte nei
volti dei miei nipoti. Quanto desidero vedere
le scintille di slancio nei loro occhi limpidi

la risolutezza insediarsi nelle loro mascelle ostinate.
Ascolterò i loro argomenti politici ingenui ma sinceri
guarderò il futuro illuminarsi in espressioni giovanili.
Penso che matureranno bene.

In loro, solo, vedo la luce.

PAROLE PERFIDE
Dopo "Mending Wall" di Robert Frost

C'è qualcosa che non fa amare un muro.
Costruito *per compiacere i cani che abbaiano*
innamorati dei confini, difensori delle lacune
fiumi senza ponti, differenze invalicabili
purulente, nocive.

All'estero, in un posto inaspettato a bordo di
una piccola nave da crociera, ho trovato il Muro.
Un vicino che si è sporto sul tavolo ha urlato:

> Mi manca la mia fedele pistola.
> Era troppo complicato registrarla.
> I blocchi che lanciano sulla nostra libertà!
> Non mi sento al sicuro oggi.

> Perché lei ha bisogno di portare una pistola ogni giorno?

> Io la porto perché mi piace! E mi piace anche il Muro!

Oh, parole perfide, vespe nelle mie orecchie
sibilanti ribellione, sbagliato, peccato!
Il Muro deve essere una nuova parolaccia.

Il Muro della Cina, il Muro di Berlino, il Nostro Muro
quanti Muri di spreco malvagio devono esserci?
Per molti versi, il Muro di Robert Frost
è un pallido fantasma del Nostro Muro, un affronto per tutti.

C'è abbastanza per dover odiare il Muro.

Capitolo 9

Di forze diverse

che dire di coloro
che sanno della loro forza
e si rifiutano di giocare?

DANZARE SU UNA RAGNATELA

Essere incantati!
Bere la rugiada del mattino che la notte
traboccante di tenerezza ha esalato sulle foglie assonnate!

Pazza ballerina posseduta dalle sue scarpette
danzerò sulle travi di equilibrio di una ragnatela
Filamenti scintillanti mi accoglieranno con una fragilità ingannevole

Per pietà riceveranno
un ospite temerario e il mio peso. Sarò l'invidia
di una delicata libellula, le cui ali, per quanto meravigliosamente venate

sono immerse nel latte blu della paura
Non è mia rivale, perché sono coraggiosa nella mia sfacciataggine
Danzare! Danzare e ingannare me stessa!

IN UN CORAGGIOSO MONDO NUOVO

No, non una ragnatela di ragno
ma una rete sul computer
che intrappola gli uomini
che cercano una conoscenza istantanea
navigando in rete tenacemente.

No, non con una tavola da surf
ma con un piccolo mouse
non uno che squittisce
ma uno che clicca e sembra
una grande coccinella di plastica
che ha finito l'inchiostro rosso e ha perso i puntini.

Nero o bianco
in base all'arredo della stanza
questa instancabile bacchetta magica
evoca schermi.

No, non schermi veri
quelli virtuali, anche se entrambi
adempiono al loro scopo originale
che è quello di schermare il mondo intruso.

Sulla tastiera simile
a un pianoforte stentato
con tasti alfabetici neri
dita indaffarate vagano per portare
schermi aggiuntivi.

In questo mondo inevitabile
le visioni cambiano all'istante
col movimento di una mano.
Le pagine rigide tremolano
ad ogni tocco
ma non nutrono i sensi.

Mi manca sempre di più
quel nostro mondo difficile e desueto
in cui era necessario un grande sforzo
per imparare un po'
ma nel cui ordine naturale

i fiori profumavano, le api ronzavano
e i bambini leggevano libri
ben oltre l'ora di andare a letto
con una vecchia torcia elettrica
al caldo sotto le coperte

DI FORZE DIVERSE

Ci sali solo una volta
La giostra parte
lentamente, poi gira

Devi tenerti alla catena
o cadi di lato
trascinato dietro

Hai perso il coraggio?
Non abbastanza veloce
non abbastanza vigore

per sollevare il viso
ignorare i lividi sulle mani
Alzati, sfida, combatti!

Vivere è per i forti
Spostatevi, deboli
andatevene per margherite!

Il mondo si inchina a un vincitore
non venera
le vittorie interiori

Ma che dire di coloro
che sanno della loro forza
e si rifiutano di giocare?

Nel regno dei fiori
le monete d'oro non sono belle
ma per capirlo devi camminare sul prato

CALMA DOPO LA TEMPESTA

Sono la superficie dell'acqua e mi agito facilmente.
Le brezze gentili mi scompigliano quel tanto che basta
per creare una rete di allegre rughe su tutto il mio ventre.
Assorbo le vibrazioni balsamiche e le salvo
con gratitudine in una camera dove risiede la felicità.

Ma quando il vento si fa duro e colpisce con i pugni
la mia tenerezza, mi aggrappo a scogliere inamovibili.
La paura mi tempra contro la punizione delle onde
che si infrangono, mentre opache perle di sopravvivenza
luccicano debolmente sotto barche affondate.

La tempesta passerà per coloro che sopportano
come le tempeste devono fare, e quando tornerà la calma
le acque che ho protetto riposeranno di nuovo
indisturbate nelle profondità, mentre io mi occuperò
dei miei lividi e diventerò deliziosamente liscia.

Un bambino lancerà su di me un sasso per osservare
le increspature argentate a crescere e dissolversi, e io metterò
il prezioso pegno accanto alle mie perle e lo custodirò.

Quando calerà la notte, una luna dorata scenderà
dal cielo su una scala di seta e nuoterà dentro di me.

AL LIMITE DELL'IRONIA

Vi unisco tutte in una, oh Sibille
mentre sento gli scoppi delle vostre risate
risuonare attraverso i secoli.

Come avete potuto con la sintassi ingannare
gli amanti e gli statisti così hanno sentito
ciò che volevano sentire! Come i regni
crollarono per un oracolo male interpretato!

Per il gioco di parole potenti, così fragili
per il fascino della bella Elena, per la promessa
che pervade i campi appena arati
e per qualsiasi cosa che sfiora la nostra pelle
viva con un tocco appena percettibile, noi vaghiamo
in questo nostro mondo tenuto da poteri invisibili.

È l'ironia che presiede davvero.
Un silenzio spezzato innesca una valanga
una possibilità che per accumulo vince
mentre ci sforziamo al massimo per più grandi
progetti che naufragano e muoiono
per la loro stessa grandezza.

Quando cala il sipario tutto si riduce a

    quanto viviamo bene
    e quanto viviamo bene ogni giorno;

    quanto amiamo
    e quanto amiamo ogni giorno.

La scelta è nostra, ma per una ragnatela!

Lasciami, Sibilla, ho finito.

Mi riempirò le orecchie di cera mentre ti passo accanto.
Una nave che naviga nella notte seguendo le stelle.
Un cieco che ascolta il suo bastone.

Capitolo 10

Spiegare le ali

piume saldate
da cera e speranza

IN ALTO ALL'ORIZZONTE

Amare
creare
dare
questo è il vivere
e dovrebbe bastare

ma i miei sogni sono intrecciati
con una trama diversa

tendono ogni nervo
come una corda di una chitarra

invitandomi
a darmi alla gioia
a divertirmi come una foglia
che viene lanciata in giro

a ballare una danza lenta
al mormorio di un fiume tortuoso
che serpeggia attraverso un prato
di lucenti ranuncoli gialli
ed iris viola

ad inalare
la pallida grandezza
delle montagne alte all'orizzonte

I CALZINI BIANCHI AL GINOCCHIO

Ho viaggiato in molti posti
mescolando differenze
di lingue e di abbigliamento
finché non sono tornata a casa.

Ho educato i miei pensieri:
i bit e i byte
circolavano nel mio cervello
congestionandolo
con giochi esadecimali
che generano codici
che guidano le macchine
in una frenesia
tecnologica folle.

Ho guidato auto a velocità
più o meno prescritta
entro i miei limiti
su strade molto affollate
e molto solitarie.

Ho una famiglia:
un marito
figli e nipoti.
Cerco di pensare al loro livello
loro mi incontrano al mio
come si addice alle pedine
di questo venerabile, antico gioco.

Ho vissuto la mia vita, anche se
a volte sembra più probabile
che la vita abbia vissuto attraverso me

ma quando mi guardo dentro
una bambina con calzini bianchi al ginocchio
mi ritorna lo sguardo.

SANTORINI

Un mare insondabile
del più blu dei lapislazzuli
si appoggia sulla foschia dell'orizzonte

Contro questa magnifica distesa
tutte le forme si misurano
tutti i colori brillano di stupore

Una *fata Morgana*
Le scogliere della caldera
emergono dal mare Egeo

una mitica fenice, ancora tremante
sommersa per troppo tempo
una colomba bianca, liberata

Oh, Santorini di cupole azzurre
e case imbiancate a calce incorniciate
dal caldo colore della terracotta

e verde e blu!
E sopra ancora
più blu

Uomini e donne vivono
sotto i tuoi gentili auspici
portando nelle loro anime

nomi di antichi dei
in antichi alfabeti
scolpiti su marmi spezzati

Insegnano ai bambini la gloria
che era la Grecia
e lasciano che le loro vite quotidiane

si sciolgano in un paesaggio liquido
Come punti in un disegno indaffarato
le formiche si muovono su

una spiaggia sabbiosa e lentamente
scompaiono nella distesa
dell'isola bianca che galleggia

su un mare di blu
Da un cielo senza nuvole
il sole benevolo

arde ed accarezza
l'amante infinito
che irradia la vita

ICARO

Piume saldate
da cera e speranza

Chi sarò io
Madre Terra, cosa farò?
Devo volare in alto

o restare vicino a te
per brucare la cornucopia
della tua generosità?

Un camaleonte cambia colore
ruotando il suo coraggio
sull'altalena delle circostanze

Dotati di natura stabile
il topo corre veloce
l'aquila vola

ma l'uomo diventa flessibile
finché l'elastico non si rompe
senza preavviso

Girasole a sole
mi rivolgo al caso
Un sentiero color malva mi chiama

dal ponte
sospeso sulla
scogliera dell'ignoto

Se mi imbarco
le nuvole si apriranno
Il topo non saprà

niente di questo
ma l'aquila
mi accoglierà

KAPNIKAREA

Suono di ere, residuo di secoli.
Significato del tuo nome, sepolto nel sudario del tempo.

Una chiesa. Una sorpresa, accovacciata imperturbabile
tra i moderni blocchi urbani ombreggiati
    tunnel alti tre piani pieni di confusione
    attirano gli uomini-api negli uomini-alveari
    ronzando, correndo, cercando, affannandosi
    per la loro fetta del presente.

Intronizzata nella piazza lasciata a te
in segno di rispetto
    un'isola di bellezza
    nel labirinto della vita vorticosa
    indossando il tuo mantello di pietre
    con totale indifferenza.

Attenti voi che entrate da una porta
ad arco decorata a mosaico
in un interno non illuminato;
potreste non uscirne mai come prima.

Il buio esita ad impallidire
attraverso impalcature goffe e oscure
santi bizantini ricoperti d'oro
incutono timore reverenziale agli intrusi.

Così potenti sono quelle immagini barbute eppure
così fragili, corrose dalla muffa nera
che impone la sua avidità infiltrandosi sulle forme indifese
legate da un silenzio eloquente e segreto.

Sento un'eco di guerre combattute molto tempo fa:
cavalli che nitriscono, irriverenza che interrompe
rituali sacri, cacofonia di distruzione
scontro di culture che scrivono invano
pagine di storia per le generazioni future.

Oh, Kapnikarea
Niente più restauro. Lasciamo che svanisca con dignità.

La mia anima palpita dopo aver assistito alla tua angoscia
mentre mantieni implacabile la visione di te.

Non camminerò mai più sotto i tuoi archi protetti
non vedrò mai i tuoi affreschi restaurati
non incontrerò mai più turisti che ammirano
il tuo splendore appena rivestito.

Il tempo, un ragno insidioso, tesserà
una ragnatela implacabile tra noi.
Nuove impressioni reclameranno spazio
ma non ti dimenticherò mai.

Mi chiamerai da lontano e sentirò
il tocco delle campane risuonare
dai tuoi tetti sfalsati:

Sono io:
KAP NI KAREA

FADO

La luna sta navigando nel suo percorso celeste.
Nelle taverne della cavernosa Lisbona, dopo un pasto tardivo
uomini e donne ondeggiano al suono lamentoso del fado.

Una donna canta a voce spiegata, rauca di desiderio
per un passato senza catene, per amanti dispersi
e tutto quello che è perduto verrà pianto.

Un'altra voce si srotola dalle spire di fumo.
Giovane o vecchia, non importa. Libera l'anima
e raggiunge un'altra fino a soffrire insieme.

La musica si riversa sugli *azulejos* delle strade vibranti.
Le luci tremano in simpatia e un passante disperso
si ferma incantato nella sua solitudine spezzata.

Fado, fa do. Destino.
I marinai vanno alla deriva in mare sognando amori perduti.
Una luna luminosa, un arazzo stellato.

Capitolo 11

Piegare i confini

voglio essere un campo
senza recinzione

SUBLIMINALE

Una frase
Una sillaba

Resto immobile
una statua

raccogliendo
quel che ne resta

Un sapore
in bocca

una sensazione liquida

un davanzale
senza una finestra

Puro Magritte

RIMANETE IRRISOLTI E VI AMERÒ

De Chirico, Ernst, Dalì e Magritte, mi piace che
non spiegate del tutto le cose, lasciandomi rimuginare
e fantasticare: cosa significa tutto questo
mentre le mie emozioni vagano liberamente
seguendo i vostri imprevedibili ed inesplorati sentieri!

Oggi rispondo a voi in un modo, domani in un altro
o magari per niente! Ma sempre con la libertà
di non dover comprendere e di sfuggire alla noia.

Mio caro Magritte, oggi ti celebro. Indosso
il tuo iconico cappello a bombetta nero
e assaporo la tua mela verde
la cui presenza rende tutto possibile:
fuga dalle convenzioni
incanto dell'immaginazione
il brivido delle cose irrisolte.

Domani potrei far volare gli uccelli di De Chirico
e risvegliare quegli antichi corpi di marmo
sparsi in giro come tante pietre morte
che in realtà non lo sono, ma sono vivi
di possibilità in quei paesaggi licenziosi
che confondono il fisico e l'immaginario
incensurato, che è la loro delizia.

E se salgo con te, mio Dalì
mi porti in nuovi fusi orari
che si sciolgono e gocciolano
ed io manderò raggi di sole a riflettersi
su di loro ed a cambiare le loro sagome.
Impedirò a un ruscello di scorrere, proprio come te
renderò reale l'impossibile, finché
mi permetterai di abitare nelle tue tele.

Ma con te, Ernst, e i tuoi uccelli dai colori fiammeggianti
che raccontano l'indicibile di crudi sentimenti
sono timida. Ho bisogno della loro audacia. Li accolgo.
Per favore, vieni.
Incontra la tua allieva.
Voglio essere un campo senza recinzione.
Insegnami ma fai attenzione! Non raccontarmi tutto.
Lasciami tenere le mie ali curiose e ti amerò.

PIEGARE I CONFINI

Parlo lingue diverse. Penso anche in lingue diverse
    ma la scelta non è sempre mia, e questo è il problema.
    I pensieri vanno e vengono in croato o in inglese.
    Se si presentano in una forma errata, i piccoli diavoletti
    insistenti, parlo con loro a cuore aperto e poi li congedo.

Quando m'inoltro nella familiare foresta della lingua della mia giovinezz
    i fiori delle parole brillano all'ombra delle frasi, discreti e graziosi
    profumati di incenso, dimensionati alla mano di una bambina.
    L'odore dei piccoli ciclamini cremisi mi ricorda
    lo zaino della scuola pieno di giorni perduti e incolti.

Colgo i fiori dal suolo della foresta e ci gioco
    come farei con i giocattoli: le regole del gioco nelle mie ossa.
    La grammatica, la sintassi e il mormorio del ruscello
    saltano in un umile mazzolino da portare a casa
    e conservare in una tazza per la colazione finché durerà.

Ai margini della foresta, si apre la vista di un prato inglese:
    un arcobaleno di scelte, una generosa, confusa, seducente schiera
    di papaveri arancioni, agapanti, orchidee, intenti a formare
    i miei pensieri per adeguarsi alla loro grammatica, alla loro sintassi.
    Li lego in un sontuoso bouquet per un vaso di porcellana.

La frangia della foresta si sfilaccia.
    Le parole vagano sempre più spesso da un mondo all'altro
    piegando i confini. Alla fine, si ribelleranno insieme
    finché non mi perderò in loro e troverò me stessa.

Non so ancora quale sarà la forma dell'ultima parola.

LA POESIA DEI NUMERI

Zero è per assenza, impotente
    nel suo nulla ellittico
    troppo arido da coltivare
    è come un segreto, a lungo non scoperto.

Uno è per l'inizio, un solitario
    che sfida il mondo con originalità
    calpestando solo sentieri inesplorati.

Due è per una coppia
    due paia di occhi e di mani
    e la speranza che li sostiene.

Tre è per un triangolo
    il minor numero di linee che formano
    una figura elementare;
    uomo, donna e bambino
    i tre colori primari che si abbracciano.

Quattro è per quella fortunata fogliolina di trifoglio
    che ospita un petalo in più;
    anche per armonia, perché in essa
    $2 + 2$ e 2×2 si uniscono
    in squisita simmetria.

Cinque è per la semplicità di una stella disegnata
    a matita dalla mano di un bambino piccolo
    e per la bellezza delle cinquefoglie.

Sei è per il numero di giorni
    in cui il mondo è stato creato
    in una storia come una fiaba.

Sette è per i nani
        che cantano "hi-ho"
        e vivono nel cuore dei bambini.

Otto è per un'ottava danzata da dita eleganti
        per un piccolo segno reclinato di infinito
        e per gli otto tracciati da un abile
        pattinatore sul ghiaccio scintillante.

Nove è per i lunghi mesi di attesa
        di una nuova vita e per
        le Nove Muse che ispirano miracoli.

Dieci non è un numero ma un impostore
        che combina l'inizio con il nulla:
        un progetto per generare nuovi ordini
        che girano in orbita, illimitati.

Capitolo 12

Voltare pagina

prima che mi innamori
del letargo

A MANI APERTE

Capelli grigi
pelle rugosa
bruciata da molti soli
baciata da capricciosi venti

cammino a mani aperte
sento l'aria di primavera
come una balsamica carezza

Gambe traballanti per aver seguito
troppe direzioni, barcollano ora
verso la bellezza vermiglia di un papavero

una bambina che impara a camminare
tra gli steli di un campo di grano
che ondeggia sotto i suoi piedi

Gli occhi annebbiati
sfiorano le nuvole per scoprire il sole
e sentirlo brillare dentro e fuori

orecchie sempre più attente
ascoltano la melodia degli uccelli
nel loro cinguettio di gioia

nella sera di questa vita
in questo cauto cammino
su un familiare tappeto
di strade piene di speranza

SONO VECCHIA MA NON MI SENTO TALE

Ah, dichiara lo specchio, la vita ha i suoi limiti
sei vecchia.

Lo ignoro. Sono dentro al mio giardino dei sogni
pieno di fragili primule verde pallido.
È di nuovo primavera. La brezza mattutina
accarezza l'erba e l'erba accarezza
i miei piedi nudi.

Lungo il sentiero erboso mi inoltro
nelle stagioni: le rose selvatiche emanano
offerte profumate al tempio dell'estate.
Il sole si china sui campi
sprona la natura a maturare
solca la crosta terrestre
e parla alle orecchie del mais.

L'aroma della frutta si mescola
ai fiori di fine estate. Nel mio giardino
le piante non discriminano in base all'età.
Alcune germogliano a malapena
altre sono in piena fioritura
altre con i rami diventano secche e venate
bisognose di attenzione
mentre si avvicinano all'inverno.

E ancora non lo vedo arrivare.
Dico di sì, ma non è così: l'inevitabile
fine fredda del ciclo è per qualcun altro.

Vado in giro alla ricerca di violette.
Non troppo consapevoli delle stagioni
fioriscono due, tre volte o di continuo.

Miei piccoli modelli, i miei tesori. Racconto loro
tutti i miei sogni e fallimenti e quanto
mi piacerebbe avere il loro respiro.

Colgo qualche mazzetto, radici, terra e tutto
e li pianto in un vaso di ambra, li faccio affrontare
lo specchio, sopravvivere all'inverno. Mi dicono
che vogliono essere ricordati, ed anche io lo voglio.

Ricordata dalla famiglia che ho cresciuto
dall'aroma delle torte che ho sfornato, dalle parole
che ho detto o scritto, o da quelle mute
che ho usato più spesso: quelle incongruenti e
irragionevoli, sempre le più memorabili.

Ricordata da ognuno: un passante
che ha notato la mia sciarpa sfiorare il terreno
e me l'ha fatto notare senza sapere il mio nome.
Ed io pure non conosco il suo, ma lo ricordo ancora.

Da un bambino la cui palla rotolante ho preso
e gliel'ho restituita.

Da strade percorse o meno, mappate, pianificate
o accidentali. Credo che le strade abbiano memoria.
Ora tutto ha un bellissimo senso. La mia vita
è fatta di mille vite e di molte altre opportunità.

Ah, dico io; specchio, la vita non ha limiti
hai capito male!

VOLTARE PAGINA
Con un cenno a Ivan Goncharov

Ho bisogno di una pagina pulita per iniziare.
Non una singola riga casuale
Neppure una macchia dovrebbe distrarmi
Io, Oblomov donna dalle ore liquide

Giorni insipidi, che languono sonnolenti in casa
Oziando su un piumone di scuse
Ondeggiando nelle abitudini superficiali
Di sentieri indecisi.

Fuori, una giornata brillante illumina
Gli anfratti più appartati, frugando
Senza pietà, e svegliando promesse.

Strizzo le palpebre per tenere fuori il sole
Abbasso le tende per tenere fuori la vita
Ma è troppo tardi: il mio bozzolo poroso
È trafitto dalla luce perseverante.

Attraverso la finestra, un giardino verde
Fresco, invitante, fiducioso. I fiori da curare
Una terrazza vuota da adornare.

Mi chiedo cosa mi abbia ancorato
E mi dico di non aspettare un altro minuto
Per rendere possibile un piccolo angolo di gioia
Da questa parte del paradiso.

Oh, saggia età, oh misura dell'esperienza
Condannatemi per ciò che non ho fatto.
Raggiungete il profondo della mia volontà:
C'è ancora tempo prima che mi innamori del letargo.

Sulla terrazza, un annaffiatoio.
Sul tavolo, una penna pronta
E un quaderno aperto.

Più lenta, sì, smemorata, sì. E allora?

Una tartaruga può sempre vincere
Una gara con sé stessa, e così farò anch'io.
Una pagina affollata va bene.

Scriverò sul bordo, volterò pagina
E se esaurirò la carta, continuerò
A scrivere nella mia testa. Se finiró le idee
Visiterò il giardino e osserverò

Le piccole creature che corrono senza sosta
I loro impegni sconsiderati e continui
Sulla scintillante autostrada delle foglie.

UNA BELLA CONFLUENZA

Il peso delle generazioni future
preme sulle mie spalle
Ho sentito l'impulso di inventare una ruota
per confrontarmi con l'enigma della vita.
Nessuna soluzione ma una siepe di eventi
gravati dal peccato originale
di un'inadeguata intelligenza.

Avrei voluto nascere in un secolo precedente
o nel futuro, in qualche altro posto!
Ora so che non avrebbe avuto importanza.
Passiamo attraverso la pressa dello stesso mulino.
I sorrisi temperano spigoli vivi
gli abusi rompono i denti
di una ruota dentata che avanza.

Mentre fluttuavo attraverso il puzzle della vita
con lo zelo inflessibile di un giovane pioppo
la mia giovinezza impaziente è fuggita su ali impazienti
lasciandosi alle spalle un dolore
per gli spazi aperti
prati ondulati, macchie di camomilla.

Gradualmente, la pelle del viso si rilassa.
Le battaglie della vita ribollono nel fuoco lento
da cui la pace inizia a brillare, la consapevolezza
cresce, si placa, si trasforma in sogni.

I miei occhi nocciola guardano nei tuoi:
stiamo svanendo nello stesso paesaggio.
I nostri capelli invecchiati sbocciano
in filigrana d'argento, nostri arti
diventano pesanti come cariatidi, mentre
la dipendenza, persino l'innocenza
ritorna sui nostri volti più infantili.

Possiamo allora sentire i nostri figli dire:
Mamma e papà ora farebbero questo, direbbero quello
e senza fare molta differenza
ci chiamerebbero, in una sola parola: ***Mammaepapà***.

PASSAGGIO

Ancora qualche anno
per trascinarmi lungo vecchi sentieri
ascoltare gli amici che ricordano
scolpire i momenti salienti della vita
in un memoir

Sbrigati!
Piega un altro aeroplanino di carta
porgilo al tuo amato bimbo
Dai consigli:
un disperato tentativo
di regalare, lasciare di più
per alleviare la partenza

Oma, hai una pelle così morbida
ma è molto diversa dalla mia

Sì, tesoro mio, la tua ha
la morbidezza di un fiore di melo
la mia di una mela lasciata
sull'albero troppo a lungo

Il bambino scappa via
con domande e risatine
e io resto sola con la mia età

La paura sbatte contro la mia gabbia toracica
Un giorno arriverà l'ignoto:
una caduta violenta senza una rete di sicurezza
uno schianto, un ultimo dolore spasmodico
o uno strato di fiocchi di neve silenziosi
che cadono dal cielo senza vento
cancellando il paesaggio

BACCELLI DI SEMI SOTTO I MIEI PIEDI

Cosa mi devo aspettare alla fine
se non di iniziare a dimenticare. È naturale.

Pensieri di questo genere mi perseguitano come
le viti rampicanti inseguono un muro che crolla.

Temevo che l'età avrebbe reso
difficile riflettere. Non è così.

Riflettere, come i fumi del buon vino
si eleva sopra i dettagli, etichette

rimugina sui sentimenti radicati
vola su ali audaci, ma trovare

i fili preziosi e precisi da intrecciare
in una distesa di poesie

può essere scoraggiante. Mi dico
guarda dentro, abbandonati al frutto

intatto nel tuo cuore. Apri bene
le tue mani rugose: parole

sepolte in profondità tra le fessure
delle articolazioni artritiche, vivono lí

in modo precario come un'aquilegia selvatica
che abbraccia ardentemente ripide scogliere.

Non lasciarle perdere, sostienile
con sinonimi e similitudini

pianta i nuovi semi in boschetti
di pensieri delicatamente coltivati

vesti un messaggio con una metafora
appena coniata e fallo decollare.

Quando la ricerca è sincera
la scoperta sarà onesta

una generosa dimostrazione
di esuberanza e dolore.

Il germoglio di ieri sera
farà crescere l'alberello di oggi e

il giocoso canto di un pettirosso
sorgerà dal silenzio di ieri.

Questo raccolto lo consegnerò umilmente
grata per il linguaggio delle alternative.

I baccelli dei semi, impazienti
scoppiettano sotto i miei piedi.

Note

Fragole di bosco in inverno [Pagina 6] – Il titolo si riferisce a un racconto slavo *Dodici mesi* in cui una donna perfida costringe la figliastra a cercare fragole di bosco nel bel mezzo dell'inverno, un'impresa impossibile che si rivela essere la sua fortuna. Era la mia fiaba preferita.

Euterpe è una delle nove muse della mitologia greca: una dea della poesia lirica raffigurata mentre suona un flauto doppio e spesso definita una Dispensatrice di delizie.

Il lamento della nipote [Pagina 20] – *Omama* è nonna in tedesco.

Ulivo (*Maslina*) [Pagina 41] – Un estratto da un'amata poesia di un venerato poeta, scrittore e traduttore croato Vladimir Nazor (1876-1949). La poesia celebra lo spirito e la bellezza della campagna istriana e la sua influenza sul poeta.

Istria di un tempo [Pagina 42] – Una penisola della Croazia nel Mar Adriatico settentrionale da dove proveniva la mia famiglia paterna. Mio nonno possedeva un vigneto e un uliveto lì.

Un ventaglio blu [Pagina 46] – Rovigno è il nome di un'antica città costiera in Istria, una destinazione per le mie vacanze estive da adolescente.

Orlando [Pagina 58] – Un romanzo di Virginia Woolf che ha ispirato questa poesia e da cui è stato tratto un film con lo stesso nome.

Un barlume di speranza [Pagina 96] – La poesia menziona Sergei Eisenstein, il regista russo famoso per il suo capolavoro *La corazzata Potemkin* che raffigura un ammutinamento che è stato considerato un precursore della rivoluzione russa. Il film contiene una delle scene più potenti nella storia della cinematografia, una carrozzina che scende lungo la scalinata di Odessa.

Al limite dell'ironia [Pagina 106] – La poesia allude alle Sibille, le sacerdotesse della mitologia greca che spesso pronunciavano profezie ambigue. La quinta strofa della poesia rieccheggia il gioco di parole pronunciato dal famoso *Oracolo di Dodona* riguardo all'esito di una specifica battaglia che è contenuto nella frase:

Ibis redibis nunquam per bella peribis

La frase è tradotta come:

Andrai, tornerai, non perirai mai in guerra.

oppure

Andrai, non tornerai mai, perirai in guerra.

Voltare pagina [Pagina 136] – La poesia si riferisce a *Oblomov,* un personaggio centrale del romanzo *Oblomov* dell'autore russo Ivan Goncharov. Il nome incarna una persona la cui pigrizia e indecisione rovinano la sua vita.

Ringraziamenti

Innanzitutto, ringrazio la mia famiglia, i cari defunti che abitano le mie poesie, mio marito e i nostri figli che sono il mio nutrimento qui nel presente, e i nostri nipoti che sono la mia speranza per il futuro.

++++

Sono grata a Robert Perry della Dutch Poet Press e Robert Perry Book Design. Con le sue capacità creative e la sua comprensione, è stato determinante nel dare vita a questo libro attraverso la sua revisione e progettazione, nonché la gestione della produzione e della distribuzione.

Sono profondamente grata al traduttore Mario Cazzanti per la sua bella, sensibile e fedele interpretazione di questo libro e anche per la sua generosità.

Ringrazio la poetessa Phyllis Klein, per la generosità sconfinata, l'intuizione e la competenza che ha portato al progetto di revisione del manoscritto del libro.

Alla poetessa e insegnante Charlotte Muse, offro il mio profondo apprezzamento per i suoi insegnamenti e consigli sull'arte della poesia attraverso il suo workshop e la sua gentile attenzione e supporto.

Esprimo i miei più speciali ringraziamenti alla poetessa Jane Kos, la cui amicizia e incoraggiamento hanno favorito la mia crescita come poeta. Per questo e altro, le poesie di questo volume sull'Istria sono dedicate a lei.

Esprimo il mio sentito apprezzamento alle persone e ai gruppi che condividono il mio amore e la mia devozione per la poesia e mi hanno fornito una meravigliosa ispirazione e supporto nel corso degli anni.

Ai miei amici del circolo di poesia di Cupertino con il leader Ron Miller: prima di incontrarvi leggevo le mie poesie da sola.

Ai miei amici di Waverley Writers di Palo Alto; The Not Yet Dead Poets Society alla Main Gallery di Redwood City; Coastside Poetry a Half Moon Bay; e Belmont Poetry Nights. Siete stati un faro di poesia e amicizia durante gli ultimi due anni difficili, con regolari opportunità di leggere e ascoltare.

Sono grata a tutti coloro che hanno ascoltato le mie letture, perché siete il pubblico che amo, i cuori che spero di toccare.

I miei ringraziamenti speciali a coloro che le hanno rese possibili: Mary-Marcia Casoly, Charlotte Muse e Patrick Daly, Diane Lee Moomey e Steve Long, Ron Miller, Jackie Rigoni e Monica Korde.

COLOFONE

Copertina e pagine interne progettate da Robert Perry,
Robert Perry Book Design e Dutch Poet Press.

Stampato e distribuito da IngramSpark.

Il testo di visualizzazione e il corpo del testo sono
impostati in Palatino progettato da Herman Zapf,
che era in sintonia con il mondo naturale, proprio
come lo è il poeta di questo volume di poesie.

Le fotografie sulla copertina e sulla pagina del titolo
sono state scattate dall'autore.